MOTEUR MILLOT

BREVETÉ EN FRANCE ET A L'ÉTRANGER

LE NOUVEAU MOTEUR HYDRAULIQUE REMPLACE AVANTAGEUSEMENT LES AUTRES MOTEURS DANS TOUTES LEURS APPLICATIONS ET SON RENDEMENT EST DE BEAUCOUP SUPÉRIEUR A CELUI DU MEILLEUR SYSTÈME CONNU; SOUVENT IL PEUT DOUBLER OU TRIPLER CE RENDEMENT, OU OFFRIR UNE NOTABLE ÉCONOMIE DANS LES FRAIS D'ÉTABLISSEMENT.

Bureaux : 39, Boulevard Saint-Germain, à Paris.

M. MILLOT

INGÉNIEUR HYDRAULICIEN

La valeur d'une usine est proportionnelle au travail qu'elle peut faire ; c'est donc augmenter cette valeur que de perfectionner son moteur.

Un vice commun aux anciens moteurs consiste en ce que, loin de s'adapter d'eux-mêmes aux cours d'eau, ce sont les cours d'eau qui semblent devoir, au contraire, s'adapter à leurs exigences.

PARIS

LIBRAIRIE ADMINISTRATIVE DE PAUL DUPONT

RUE DE GRENELLE-SAINT-HONORÉ, 45

OCTOBRE 1867

SUR LES MOTEURS HYDRAULIQUES.

Les industriels et les mécaniciens qui sont obligés d'employer ou d'établir des moteurs hydrauliques n'ignorent pas de combien de difficultés cette application est entourée, non plus que les objections nombreuses auxquelles ont donné lieu les différents systèmes en usage. L'eau motrice constitue une richesse dont il faut être avare ; c'est un capital capricieux qui change, tantôt diminuant, tantôt augmentant, et rarement d'accord avec les besoins journaliers. Dans ces conditions, que doit-on exiger d'un moteur hydraulique? Et comment fonctionnera-t-il au plus grand profit de son propriétaire ?

La théorie s'accorde avec l'expérience pour reconnaître que le moteur par excellence est celui :

1° *Où l'eau entre avec le moins de choc possible*, car un choc donne lieu à une perte de travail ;

2° *Qui en laisse passer le moins possible sans l'utiliser;*

3° *D'où elle sort avec une vitesse nulle;*

4° *Qui ne perd pas de chute;*

5° *Dans lequel l'eau travaille avec le moins d'agitation.*

Tels sont les principes reconnus par la science. Chaque système s'est efforcé de les mettre en pratique; mais aucun, on peut le dire, n'a réussi à en combiner les avantages avec autant de bonheur que celui qui se présente aujourd'hui au public sous le patronnage des savants qui l'ont examiné, des praticiens qui l'ont établi, des industriels qui s'en servent et en rendent, les uns et les autres, un si juste témoignage.

Le nouveau moteur se recommande, surtout, par l'augmentation de rendement, et souvent par l'économie des frais d'installation; et il possède l'avantage, non moins précieux, de pouvoir être appliqué en tout temps, et à tout emplacement, dans des circonstances réputées défavorables, avantage sur lequel on ne saurait trop insister, parce qu'il permet d'accroître l'effet utile d'une force, ainsi que des ressources qui demeurent souvent par trop improductives.

Un grand nombre d'établissements hydrauliques, mal servis par la nature des localités, ou par l'impuissance des machines, ne profitent que pour une faible partie de la force mise à leur disposition, tantôt parceque moteur et chute ne concordent pas exactement, et tantôt par de brusques variations dans le volume du courant. Ces graves défauts, aucune des machines adoptées n'en est exempte, aucune ne peut soustraire ceux qui les emploient à la perte de travail ou au chômage qui en est la conséquence forcée. S'il est vrai que la valeur d'une usine soit proportionnelle à son produit, la première condition d'une bonne machine ne sera-t-elle pas de favoriser ce produit au plus haut degré? En d'autres termes, ne convient-il pas, avant tout, de la disposer et de l'établir suivant les exigences de la nature des lieux et de la force qui la met en jeu? Or, c'est un vice commun aux anciens moteurs, que, loin de s'adapter d'eux-mêmes aux cours d'eau, ce sont les cours d'eau qui semblent devoir, au contraire, s'adapter à leurs exigences.

Les systèmes en usage dans l'industrie s'éloignent tous plus ou moins des principes que nous venons d'émettre, et c'est ce qui est la cause de leurs défectuosités, comme nous allons essayer de le démontrer.

Mais auparavant nous rappellerons que la force brute d'un cours d'eau se mesure par le produit de deux facteurs, le poids du liquide écoulé en une seconde multiplié par la hauteur de chute;

qu'ainsi, une force étant donnée, elle serait doublée si l'on parvenait à doubler seulement un des facteurs. Il suit de là que si l'on parvient à éviter une perte de chute ou de dépense de un dixième, un quart, un tiers, etc...,ce qui pourrait avoir lieu souvent à cause de la défectuosité du système de moteur employé, on augmente d'autant la puissance du cours d'eau.

Nous dirons aussi que l'eau agit ou par son poids, ou par son choc, ou par sa force centrifuge, ou par réaction. Il est très-rare qu'elle exerce son action d'une seule manière; le plus souvent c'est de deux ou trois manières à la fois. Mais la meilleure est de la faire travailler uniquement par son propre poids; et la machine qui prendrait l'eau à son point le plus élevé du bief d'amont pour ne l'abandonner qu'à la surface du bief d'aval, et cela, sans choc ni agitation serait une machine parfaite.

Il y a deux sortes de machines hydrauliques que l'on appelle *Moteurs hydrauliques* ou *Récepteurs:* les unes sont douées d'un *mouvement de rotation*, les autres d'un *mouvement alternatif*. Nous ne nous occuperons que des premières. Elles sont appelées roues *horizontales* ou *verticales*, selon que leur axe de mouvement est vertical ou horizontal.

DÉFECTUOSITÉS DES ANCIENS SYSTÈMES.

I. — ROUES HORIZONTALES.

Roues à Cuillers (Fig. 1.)

Ces roues, les plus anciens, les plus défectueux des moteurs hydrauliques, sont encore en usage chez les Arabes ; et (le croirait-on ?) elles se rencontrent fréquemment, même en France, dans les Alpes et les Pyrénées !

Fig. 1.

L'eau motrice lancée sur les aubes ou cuillers avec grande vitesse agit presque uniquement par son choc, et perd la majeure partie de sa puissance par ce choc. Beaucoup de filets d'eau en s'éparpillant ne viennent pas les toucher ; la plupart des autres ne choquent pas perpendiculairement les surfaces qu'ils frappent, et ces surfaces n'ont pas la vitesse voulue, de sorte qu'un dixième, à peu près, de la force disponible est utilisée.

Roue à Cuve, à Rouet ou Rodet (Fig. 2).

Très-répandue dans le midi de France, ainsi que la précédente dont elle n'est que le perfectionnement, cette roue n'a pas un rendement meilleur, car il est presque toujours au-dessous de 12 %.

Ceci provient de ce qu'une partie de la masse d'eau s'enfuit par des intervalles sans exercer aucune action sur ces roues; et l'autre est loin de l'exercer de la manière la plus avantageuse. Elle rencontre et frappe les aubes sous des angles fort grands; et, en les quittant, elle conserve encore une vitesse notable. Le bord inférieur des aubes n'est pas horizontal comme la théorie d'un filet fluide indique qu'il devrait l'être; s'il l'était, la masse d'eau ne se dégagerait pas avec assez de facilité. Aussi, cette espèce de roue, parfaite en théorie, est-elle une des plus imparfaites en réalité.

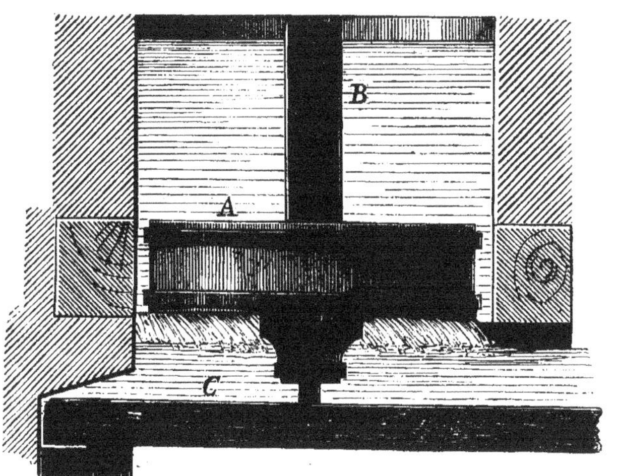

Fig. 2.

Turbine (Fig. 3).

La Turbine est un *Rouet perfectionné*; elle vaut évidemment mieux; mais il est impossible de la soustraire à ce défaut radical :

L'admission de l'eau à grande vitesse; et si l'on considère comme nulle la vitesse de sortie, on est en contravention avec la pratique.

Nous appellerons la turbine le *moteur de luxe* que peut se permettre l'usinier riche en eau et en argent; car si la turbine rend peu, elle coûte ordinairement cher. Elle est d'une structure délicate, d'une installation compliquée, l'établissement de son vannage a mis en défaut plus d'un savant et plus d'un praticien, et elle ne peut être construite que par des mécaniciens expérimentés et possédant un outillage spécial. Elle se rebute facilement devant les caprices de la source et les résistances qu'on lui oppose, et ses dimensions peu prononcées ne lui permettent pas de faire fonction de volant; enfin, elle demande des ouvrages en maçonnerie souvent importants qui peuvent apporter de profondes modifications au bâtiment même de l'usine dont elle occupe ordinairement le centre.

Lorsque cette roue a été établie pour utiliser une grande masse d'eau, si, en temps de sécheresse, on ne peut disposer que d'un volume

Fig. 3.

moindre et qu'on soit, en conséquence, obligé de n'ouvrir la vanne qu'en partie, le rendement décroît sensiblement, ce qui est dû surtout au changement brusque de la vitesse de l'eau à son passage de l'orifice étranglé de la vanne dans les canaux des aubes de la roue. C'est un inconvénient grave de ce genre de moteur, car l'intérêt d'un usinier est de tirer le meilleur parti possible des eaux peu abondantes, même sous la condition d'un moindre rendement dans la saison des grandes eaux. Bref, c'est au moment où l'on aurait besoin du meilleur concours de cette machine qu'elle se refuse le plus à le donner.

Il en est autrement pour les roues verticales dont l'effet utile est généralement d'autant plus heureux que la dépense est plus faible. On peut aussi plus facilement leur conserver la vitesse qui convient au meilleur rendement et à la meilleure utilisation du travail pour l'opération qu'on a à effectuer. Si, par exemple, dans la roue de côté, la résistance diminue, on diminue la dépense, par suite le travail du moteur ; et on conserve à la vitesse sa même valeur. La turbine ne peut pas se prêter ainsi à de pareilles variations, tant pour la vitesse que pour la dépense.

II. — ROUES VERTICALES.

Roues en Dessous à Palette Planes (Fig. 4).

Dans ce système, la masse fluide en sortant de

Fig. 4.

la vanne se contracte, se resserre; puis elle se dilate pour joindre le coursier contre lequel elle frotte, et cette dilatation et ce frottement lui font perdre une portion notable de sa vitesse; de sorte qu'elle n'arrive parfois, si le coursier est un peu long, qu'avec les trois quarts de cette vitesse. Elle frappe ensuite les aubes du moteur, le plus souvent d'une manière oblique et perd, par ce choc, principale cause de la dégradation et de la ruine des machines, une quantité considérable de sa force-vive. Enfin, une partie de cette eau ne touche pas les palettes, une autre s'écoule par l'intervalle qui les sépare du coursier ; et la masse entière sort avec une vitesse considérable qui aurait dû être entièrement épuisée. Une pareille machine ne doit donc pas avoir un bon rendement. Aussi, ne s'élève-t-il jamais à plus de 25 °/₀ et parfois descend-il à 10 °/₀ ; soit une perte, dans la fortune que l'on possède, variant de 75 à 90 °/₀.

Ce moteur n'est applicable qu'aux basses chutes; c'est-à-dire qui n'ont pas plus de 1m,30 d'élévation ; car avec des chutes plus hautes, l'eau sortirait de la vanne avec trop de violence et éprouverait une perte de force vive trop considérable par suite de son choc contre les palettes.

Roue en Dessous à Aubes courbes ou Roue Poncelet (Fig. 5).

Le savant dont ce moteur porte le nom l'a inventé en vue de remplacer le précédent. Il a trouvé le moyen d'éviter le choc, mais en partie seulement ; car l'eau affluente, coulant sur une épaisseur notable, ne peut pas entrer tangentiellement à la roue, quand même il serait possible de négliger l'épaisseur des aubes ; et ce qui est vrai pour un filet ne l'est plus pour une masse considérable.

Les molécules vont frapper les aubes en faisant un angle plus ou moins grand avec les éléments choqués, et il y a perte de vitesse et de force.

Dans l'intérieur de la roue, l'eau ne peut pas s'élever et redescendre d'un mouvement commun ainsi qu'un corps solide. Les premières molécules entrées se retardent en s'élevant, descendent lorsque d'autres montent encore, et gênent le mouvement de celles qui leur succèdent. De là des frottements dont la théorie ne tient pas compte.

Lorsque la masse vient à quitter les aubes, elle ne se meut pas dans un sens exactement opposé à la leur, et sa vitesse absolue de sortie, dont la direction est à peu près celle des tangentes extrêmes des aubes, étant la résultante de la vitesse relative du liquide et de la vitesse tangentielle de la roue, ne peut être nulle. Le moteur n'épuise donc pas toute la vitesse du liquide ainsi que la théorie l'indique encore.

Fig. 5.

De plus, comme dans toutes les roues qui se servent de coursier, une partie de l'eau motrice s'enfuit sans exercer d'action utile. De sorte que l'effet réel n'est plus égal au produit du poids par la chute, il n'en est qu'une partie.

Enfin l'eau quittant les aubes avec une faible vitesse, on doit lui donner un écoulement immédiat; c'est pourquoi, un peu au delà de l'aplomb de l'axe, le fond du canal subit un approfondissement brusque, afin que l'eau puisse tomber sans gêner le mouvement de la roue, et ce ressaut constitue une véritable perte de chute.

Pour atténuer toutefois les graves inconvénients inhérents à ce genre de disposition, il faut avoir recours à de grandes précautions, à une construction délicate et coûteuse que très-peu de mécaniciens peuvent exécuter exactement, car ils ne connaissent généralement pas, par exemple, la courbe appelée *développante du cercle*, dont le coursier doit être la figure afin de faciliter l'introduction de l'eau dans les aubes.

Malgré tous les soins possibles, et en admettant qu'elle soit bien construite, la roue Poncelet n'utilise guère, en moyenne, que la moitié de la force totale disponible ; mais, dans le cas contraire, c'est-à-dire si une rigueur mathématique n'a pas déterminé la courbure du coursier et des aubes, son rendement s'abaisse brusquement et reste très-peu supérieur à celui de la roue précédente.

Ce moteur rarement appliqué ne convient également qu'aux basses chutes.

Roue de côté à coursier circulaire (Fig. 6).

Cette roue dite à l'*écume* ou *en déversoir* l'emporte, quant au rendement, sur celles que nous venons de citer lorsqu'elle se trouve dans des conditions favorables ; mais elle ne peut s'appliquer avantageusement qu'aux chutes moyennes, car si elles étaient plus considérables, on serait conduit à des diamètres par trop grands, puisque ces roues doivent toujours être supérieures au double de la chute.

Fig. 6.

L'admission ne doit se faire qu'à une hauteur fixe, dépendant du diamètre vertical de la roue et situé à $0^{m},50$, environ au-dessous de l'axe. Or, à cette hauteur, les aubes ont déjà pris une position inclinée, de sorte que le liquide vient les frapper avec choc; et si on les incline dans le sens opposé à celui de la rotation le choc se produit sur les contre-aubes.

Par suite de cette admission à un point déterminé *à priori*, ce système, qui marche en déversoir, c'est-à-dire qui prend toujours l'eau à son point le plus élevé, ne peut s'applîquer aux chutes par trop variables telles que l'on en rencontre souvent dans les étangs.

Dès lors que le diamètre dépend de la hauteur de chute, on est conduit à une vitesse de rotation à peu près absolue, invariable, et qui peut n'avoir aucune concordance avec celle qui est nécessaire à l'usine où ce système est appliqué. Afin de diminuer la vitesse de sortie et d'éviter le frottement sur le coursier et les murs latéraux, cette vitesse ne doit jamais être considérable. Il s'ensuit que la roue doit être plus large pour qu'elle puisse débiter un plus grand volume ; que son prix est plus considérable, la perte d'eau plus grande ; que l'on accroît la complication et les frottements des engrenages nécessaires.

L'intervalle à laisser entre les palettes, les parois du coursier et celle des murs latéraux est très-difficile à déterminer convenablement. Dans les roues les mieux faites et les mieux suspendues, au bout d'un certain temps, quelques parties cèdent ou s'usent, quelquefois prennent du jeu : si cette intervalle était trop petit, bientôt les aubes iraient frotter sur le coursier et casser, et cette considération force encore à établir très-solidement les massifs ou les piliers sur lesquels doivent reposer les tourillons. Si cet intervalle, au contraire, est trop grand, les pertes deviennent par trop considérables, et c'est surtout à cause de ces pertes que ce système ne convient nullement aux faibles dépenses.

La capacité formée par les palettes doit avoir des proportions rigoureuses avec le volume de dépense. En effet, si les augets sont trop remplis, l'eau jaillit par les côtés. Si le volume liquide est trop petit par rapport à sa capacité, les fuites produites par le jeu inévitable que les aubes ont dans leur coursier étant à peu près constantes, pour une même vitesse, elles auraient plus d'influence sur le rapport de l'effet utile au travail absolu du moteur dans les petites dépenses d'eau, que dans les grandes.

Quelle que soit d'ailleurs l'heureuse disposition d'un pareil moteur, il ne peut éviter les fuites, le frottement du liquide sur les parois du coursier et des murs latéraux, ce qui diminue la vitesse que la gravité tend à lui donner.

Depuis son entrée sur le récepteur jusqu'à sa sortie, ce liquide éprouve des actions, des réactions, des bouillonnements, des rejaillissements qui sont une cause de perte d'effet utile ; il sort du moteur avec la vitesse de celui-ci, et s'écarte, par conséquent, de l'un des principes que nous avons cités précédemment.

La portion qui est plongée dans l'eau du coursier y perd une partie de son poids égale au poids du fluide qu'elle déplace. Par suite de cette perte, l'égale distribution du poids de la roue autour de l'axe de rotation n'existe plus, et elle tend à tourner à l'encontre du courant. C'est une nouvelle résistance qu'elle doit vaincre.

Ajoutons, pour clore la série de reproches que l'on peut raisonnablement adresser à ce système que l'on est obligé de sacrifier $0^{m},10$ de la chute totale environ, pour l'abaissement à donner au radier immédiatement après la roue, et que, quand elle est noyée, sa vitesse est ralentie par l'eau qui entre de chaque côté ou qui est relevée par les palettes.

Le rendement de ce système est très-variable : il dépend surtout du volume de dépense et de la disposition plus ou moins heureuse du coursier. Mais, au-dessous de deux mètres, les résultats que donnent ce moteur laissent beaucoup à désirer, et ils sont inférieurs à celui de la roue Poncelet.

La construction du coursier rencontre de grandes difficultés, et elle doit être faite avec beaucoup de soin. Son radier ou sa superficie, qui est une surface cylindrique de révolution, doit être bien unie, bien cintrée et de manière que son axe soit très-exactement l'axe de rotation de la roue que le coursier doit embrasser. L'intervalle à laisser entre ses parois et le bord des aubes est très-difficile à établir convenablement, et, dans les roues les mieux faites et les mieux suspendues, au bout d'un certain temps, quelques parties cèdent ou s'usent, et la perfection que l'on a pu obtenir dans leur établissement a bientôt cessé d'exister.

Ce coursier est en bois ou en forte maçonnerie. S'il est en bois, il faut constamment vérifier, et surtout pendant les premiers jours de marche, si rien ne bouge ou se détériore, se gonfle ou tend à prendre du jeu, afin de ne pas laisser le mal empirer.

S'il est construit en maçonnerie, il doit être solidement établi avec du mortier de chaux hydraulique, jointé de ciment romain, le tout assis sur un fort massif en moellons, et garanti par un lit de terre glaise, afin que l'infiltration des eaux ne vienne pas le dégrader par trop vite. Dans ce cas, il revient à un prix excessivement élevé ; il ne peut être posé par les eaux froides, et l'usine chôme pendant tout le temps de son long établissement.

Roue de Côté à Augets prenant l'eau entre l'axe et le sommet (Fig. 7).

Quoique nombreuses en Angleterre et dans l'Amérique du Nord, leur rendement n'est pas considérable ; attendu que, d'une part, on ne peut pas donner aux augets une forme qui permette de

Fig. 7.

retarder le déversement ; et de l'autre la première impulsion de l'eau tend à les faire tourner en sens contraire à celui qu'elles doivent suivre.

Roue à Augets recevant l'eau au sommet (**Fig. 8**).

C'est le plus puissant des anciens moteurs; mais il ne peut être avantageusement appliqué qu'aux grandes chutes, et même, dans ces circonstances, il est bien loin d'utiliser complétement toute la force qui est mise à sa disposition. En effet, pour

Fig. 8.

travailler avec le plus de succès possible, avons-nous vu, un moteur hydraulique devrait utiliser toute la chute, c'est-à-dire prendre l'eau depuis le point le plus élevé du réservoir et ne l'abandonner qu'à la surface du courant inférieur.

Or, la roue en dessous perd de la chute :

1° Par la charge contre la vanne;

2° L'ouverture de cette vanne;

3° La pente du coursier;

4° Son épaisseur;

5° La distance qui le sépare du moteur;

6° La profondeur des augets;

7° L'espace que parcourt chaque molécule pour atteindre ces augets:

8° L'intervalle qui doit séparer le bas de la roue et le canal de fuite, parce qu'elle marche en sens contraire du courant.

Bien qu'une partie de cette perte de chute ait pour but de donner au fluide une vitesse d'arrivée, ses deux tiers environ, sont perdus pour l'effet à produire.

La lame subit une perte de vitesse d'abord à son passage par le pertuis de réservoir, à cause de la contraction; puis en se dilatant pour joindre le coursier, contre les parois duquel elle éprouve en outre de la résistance; plusieurs filets se dispersent en allant frapper les bords et les parois de l'auget, et perdent une partie de leur vitesse avant d'atteindre la petite palette ou l'eau qui la recouvre. Tous arrivent par choc sur cette palette, et avec une direction oblique par suite de laquelle il résulte une diminution de la force d'impulsion.

La roue doit tourner lentement, car, lorsque sa vitesse est considérable, comme il arrive, par exemple, dans les petites roues qui mettent en jeu les marteaux des grosses forges, une partie du liquide est projetée hors des augets par la force centrifuge avant qu'il ait produit tout son effet. Mais, en tout cas, par l'effet de cette force, la surface de l'eau n'est pas horizontale, elle est cylindrique, à section circulaire qui s'élève à la circonférence, s'abaisse vers le centre, produit un déversement anticipé que la meilleure construction ne peut éviter. D'ailleurs ce déversement anticipé est une conséquence même de la forme des augets; l'eau commence à en sortir dès qu'ils arrivent à peu près à la hauteur de l'axe de la roue; elle tombe en quantité de plus en plus grande à mesure qu'ils descendent davantage, et s'écoule complétement un peu avant qu'ils arrivent à la partie inférieure, ce qui constitue une nouvelle perte de chute.

La forme des augets doit être calculée de manière à concilier, autant qu'il est possible, la facile introduction de l'eau et sa retenue jusqu'au point le plus bas de leur rotation. Mais malheureusement les dispositions qui sont les plus favorables à la conservation de l'eau, sont celles qui le sont le moins à son entrée. Une autre cause défavorable à une bonne introduction, c'est la grande palette des augets qui se présente à la lame de manière à la soulever pour la couper ensuite; et cette fâcheuse disposition tend à ralentir la vitesse du récepteur.

L'épaisseur de la couronne, dans le sens du rayon, de doit pas être trop profonde, afin que l'eau commence à agir par son poids, à la plus grande élévation possible; il s'ensuit que la dépense n'est pas très considérable : elle ne s'élève guère que de 70 à 100 litres par seconde et par mètre de largeur.

Lorsqu'après avoir dépassé le bas de la roue un auget se relève, il s'y forme un vide par suite duquel cet auget emporte avec lui une masse d'eau agissant en sens contraire du mouvement de la machine. On a bien, il est vrai, ménagé des évents pour faciliter l'échappement de l'air et la sortie du liquide; mais ils sont loin de produire tout l'effet dont on aurait besoin; et malheureusement ils font jaillir l'eau dans l'intérieur de la roue dès que les augets sont remplis à peu près moitié de leur capacité.

Par le même motif la roue en dessus, moins que toutes autres, ne doit pas être noyée et ne peut plus marcher dès que la moindre crue se fait sentir dans le bief d'aval. Ceci tient à ce que l'eau y est maintenue comme dans une pompe par la pression atmosphérique, et que la roue est obligée de la soulever avant de pouvoir s'en débarrasser.

Non-seulement le niveau d'aval, mais encore celui d'amont devraient avoir une hauteur constante ; et comme il arrive souvent qu'ils en changent d'un moment à l'autre, il s'ensuit qu'une roue à augets établie dans de bonnes conditions, pour un instant donné, n'a plus qu'un mauvais effet, un moment après.

Enfin le diamètre de ce moteur forcément déterminé par la hauteur de la chute, se prête, moins que toutes autres aussi, à une variation de vitesse souvent nécessaire ; et son rendement assez élevé par les grandes chutes diminue brusquement assez bas, si cette nécessité de chute lui fait défaut, ou si elle ne répond pas à toutes les exigences d'une bonne construction.

AVANTAGES DU NOUVEAU MOTEUR.

(*Fig.* 9.)

Tous les désavantages que nous venons de signaler sont évités par le moteur inventé par M. Millot.

Cette roue merveilleuse, à laquelle plusieurs ingénieurs et les plus célèbres hydrauliciens de l'époque ont donné leur approbation, participe :

De la roue en dessous, par la grandeur arbitraire de son diamètre ;

De la roue Poncelet, par la forme et les propriétés de ses aubes :

Des roues de côté, parce qu'elle prend l'eau vers la hauteur de son axe ;

De la roue en dessus, à cause de ses augets ;

Et de la turbine par le double orifice de son aubage.

Elle emprunte à tous ces systèmes ce que chacun d'eux a de meilleur.

C'est un disque circulaire cylindrique monté sur un axe horizontal tournant, et dont la couronne est armée d'aubes courbes reliées entre elles par les jantes seulement. L'eau motrice, prise tout à fait à la partie supérieure du bief d'amont, en déversoir, est dirigée par une auge bifurquée vers l'intérieur de la couronne, et entre dans les aubes des deux côtés de la couronne à la fois environ à la hauteur de son centre. Les premiers éléments de l'aube sont dirigés dans le prolongement de la lame, qu'ils coupent avec la plus grande facilité, sans lui présenter aucune résistance qui puisse nuire, soit à son introduction, soit au jeu de la machine.

La profondeur des aubes, dans le sens du rayon, peut avoir un grand développement, sans qu'il en résulte une perte de chute: il s'ensuit qu'il est facile de leur donner, par un faible écartement, la capacité nécessaire au volume qu'elles ont à contenir ; de plus, on peut les séparer seulement d'une quantité égale à l'épaisseur de la lame. Cette heureuse disposition diminue la vitesse d'arrivée de l'eau sur le récepteur, par conséquent, diminue, annule, pour ainsi dire, le choc du fluide à son entrée sur la courbe. On sait en effet que les actions, les réactions, les bouillonnements dépendent de l'épaisseur du volume d'eau qui est dans les augets, et de son frottement sur les parois. Ils seront donc d'autant plus faibles que ce volume le sera lui-même, et le frottement plus souvent répété.

Par cette même forme curviligne des aubes, la vitesse d'arrivée est encore utilisée comme il arrive dans une turbine ; si bien que l'eau, après s'être introduite ainsi de la manière la plus avantageuse depuis le point le plus élevé de sa chute, descend ensuite, sans agitation ni bouillonnement, ni perte aucune et sans ressaut, jusqu'au niveau du bief d'aval, où elle se déverse par couches insensibles successivement sans vitesse, après avoir satisfait ainsi à tous les principes exigés pour l'établissement d'un bon moteur hydraulique.

Voilà comment ce moteur répond aux objections soulevées précédemment. Aussi son rendement ne s'élève-t-il pas à moins de 86 à 88 %, ainsi qu'il a été constaté officiellement. Si l'on compare ce rendement surprenant à celui que l'on obtient par les anciens systèmes, même les meilleurs et les mieux établis, on verra combien est grande l'amélioration que la nouvelle machine peut donner à une usine dont la valeur est proportionnelle au travail qu'elle peut faire.

Mais ce qui distingue profondément ce moteur du meilleur connu jusqu'à présent, c'est-à-dire de la roue en dessus, c'est que profitant de tous ses avantages il n'a pas les défectuosités que nous avons signalées à ce sujet.

Par exemple, supposons, d'abord, qu'il se trouve noyé d'une quantité n'excédant pas l'épaisseur de la couronne, et voyons ce qui se passe en ce moment. Ce cas particulier suppose déjà une crue sensible, car nous savons que la jante de cette couronne doit être généralement assez large. La forme curviligne des aubes ne trouvant pas de résistance marquée, leur permet de glisser dans le canal de fuite sur le liquide sans le relever comme le ferait une roue à palettes, par conséquent sans que la vitesse soit retardée ; l'eau qui est dans les aubes agit encore quand cette aube est en partie submergée, et la double ouverture de l'aubage empêche l'action compressive de l'air de maintenir cette eau dans le fond des augets comme il arrive en pareil cas à la roue en dessus ; il s'ensuit que le moteur peut marcher noyé presque sans perte de travail, d'une quantité égale à la profondeur de la couronne, et augmenter d'autant la hauteur de chute que l'on n'est plus obligé de limiter, dans le bief d'aval, aux moyennes eaux de l'année, mais bien aux plus basses.

La faculté de pouvoir ainsi braver les petites crues, de permettre au niveau d'aval de varier dans des limites assez étendues, sans que l'effet utile soit sensiblement altéré, aura son avantage non-seulement pour éviter une perte de chute que l'on doit d'autant plus conserver qu'elle est moins considérable ; mais encore lorsque, les usines étant très-rapprochées, les unes marchent lorsque les autres chôment, ce qui constitue presque toujours de véritables engorgements.

Cette double ouverture des aubes et leur forme curviligne permettent encore au moteur de fonctionner aussi dans les grandes crues des rivières comme le fait une turbine, et cette condition de pouvoir marcher noyée va devenir le motif de l'amélioration la plus importante que l'on puisse demander pour une roue hydraulique.

En effet, dès l'instant que l'on n'a plus à s'occuper des inconvénients du *noyage*, on peut donner à la roue le diamètre qui est le plus favorable, tant pour sa vitesse de rotation que pour les conditions de déversement.

D'ailleurs cette propriété qu'elle a de pouvoir être faite de diamètres différents pour la même chute tient aussi à l'avantage qu'elle possède de laisser choisir la position du point d'introduction au-dessus, vis-à-vis, ou au-dessous du centre, par conséquent de se prêter plus facilement à une vitesse demandée. Aussi peut-elle avoir une vitesse très-variable et cette propriété la rend précieuse dans un grand nombre de circonstances.

Elle seule, parmi les roues verticales, reçoit l'eau d'un côté pour la déverser d'un autre ; elle évite donc le grand inconvénient des roues à augets, savoir : que celles qui prennent bien l'eau la perdent trop tôt. En effet, on peut donner à l'orifice d'entrée la forme et les dimensions les plus propres à une bonne introduction, tout en laissant à celui de sortie une courbure d'aubes allongées qui faisant un angle nul avec la circonférence extérieure, leur permèt de retenir l'eau jusqu'au bas de leur révolution, auquel point toute son action motrice est nécessairement complète. On voit donc que les conditions qui facilitent l'entrée ou retardent le déversement ne se nuisent pas mutuellement. Ce double orifice des augets facilite aussi l'échappement de l'air plus facilement que ne le font de simples évents, et ne sont pas comme ceux-ci des causes de perte de liquide.

Nous avons vu que ce moteur a la faculté d'avoir une couronne profonde sans nuire à la chute et de pouvoir rapprocher les augets au besoin : ceci lui permet, d'une part, d'utiliser des forces hydrauliques susceptibles de grands changements, sans voir comme la turbine son rendement diminuer brusquement, lorsque l'alimentation n'est plus suffisante.

Contrairement aux exigences de toutes les roues verticales qui ont besoin d'une stabilité à peu près constante dans les deux niveaux, il fonctionne également, quelles que soient leurs variations, car, d'une part, il prend toujours l'eau à *l'écume* et, de l'autre, il marche noyé.

La rotation ayant lieu dans un sens ou dans l'autre, il peut remplacer tous les anciens systèmes, sans rien changer aux mouvements intérieurs de l'usine.

Il fonctionne avec le plus grand succès dans les chutes moyennes, et ce sont les plus nombreuses, lorsque ces chutes sont trop basses pour y établir avantageusement une roue en dessus et trop hautes pour une roue de côté.

Mais *c'est surtout dans les petits cours d'eau, et dans les grandes sécheresses qu'il marque sa supériorité*, alors que l'on a besoin de tirer le plus grand parti possible du peu de force dont on dispose. Il est à remarquer que, dans ce cas, les eaux sont d'autant mieux utilisées qu'elles sont moins abondantes.

Enfin, sa solidité est à toutes épreuves, et sa construction est des plus simples : il n'exige ni coursier, ni construction en maçonnerie, à l'exception de deux supports et il peut être établi et réparé par tout mécanicien ou charpentier, et en toutes saisons.

Il peut être construit, en bois, en fer, ou partie en bois et partie en fer ; mais la construction en fer est préférable.

MOTEUR MILLOT.

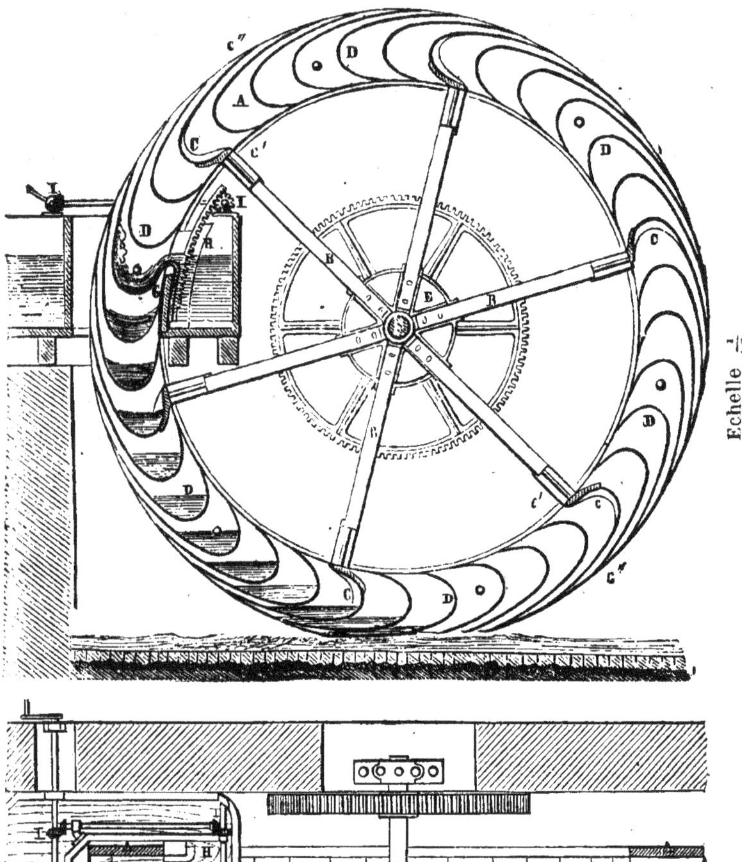

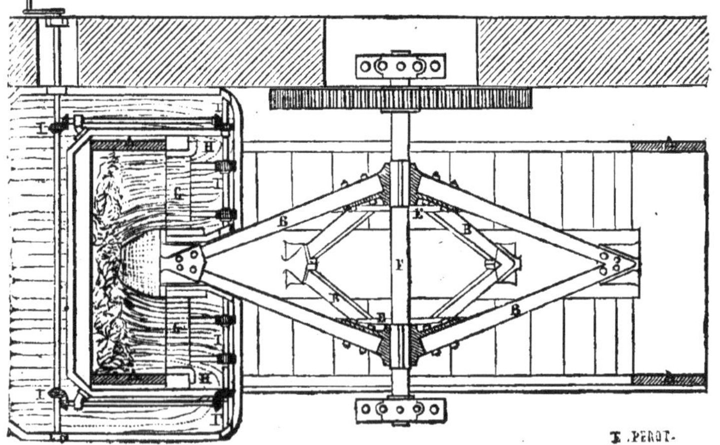

(Fig. 9.)

(Les contrefaçons seront rigoureusement poursuivies.

Légende.

A. Couronne en bois. — B. Bras en bois. — C. augets en fonte. (Pour éviter un poids et une dépense inutiles, la partie CC' armée de nervures extérieures doit être seule en fonte, et l'autre partie CC'' en tôle.) — D. Augets en tôle. — E. Tourteaux en fonte. — F. Arbre de fer. — G. Vanne en fonte. — H. Coulisses de la vanne. — I. Organes commandant la vanne.

Condition de marche.

Chute........................	$2^{m},50$
Diamètre de la roue.............	4^{m}
Largeur *id*	$1^{m},50$
Épaisseur de la lame...........	$0^{m},15$
Largeur totale des deux orifices....	$1^{m},25$
Nombre de tours par minute......	5 tours
Force théorique...............	4 chev. 38.

Remarques.

I. Cette roue peut recevoir l'eau au-dessus, au-dessus du centre ou vis-à-vis ; mais le meilleur point d'introduction est un peu au-dessus de la hauteur de l'axe.

II. Sa rotation aura lieu dans un sens ou dans l'autre, suivant les dispositions prises à cet effet.

III. Elle est applicable à toutes chutes comprises entre 1 mètre et 10 mètres.

IV. Sa vitesse doit être lente.

V. Pour satisfaire aux grandes dépenses, on accouplera deux roues sur le même arbre.

VI. Les rebords des joues de la couronne doivent faire saillie intérieurement afin d'éviter les fuites latérales.

VII. Il faut avoir soin de rapprocher les augets le plus possible, et de donner une grande profondeur à la couronne dans le sens du rayon.

VIII. Si l'on n'a pas à craindre le *noyage*, fermer les augets davantage ; dans le cas contraire, laisser assez d'espace à l'orifice de sortie et ralentir la vitesse.

EXTRAIT DU RAPPORT

D'une commission nommée par M. le Préfet du Jura pour examiner la roue hydraulique que M. Millot a fait établir chez M. Létondal, par M. Gauthier, mécanicien à Cordiron (Doubs).

(Cette commission présidée par M. le sous-préfet de Dôle était composée de deux ingénieurs des ponts et chaussées des départements du Jura et de la Côte-d'Or et de trois praticiens).

« Le 27 mai la commission s'est rendue chez « M. Létondal où la roue a été établie.

« Elle présente un diamètre de $5^{m},16$ et une « largeur de 2 mètres. Les augets sont au nombre « de 32.

« L'eau s'introduit dans les augets par l'inté- « rieur, au moyen de deux déversoirs ayant en- « semble une largeur de $1^{m},46$.

Première expérience,

« La commission a procédé à une série d'ex- « périences avec un frein de Prony qui était éta- « bli sur un arbre commandé par la roue « hydraulique. Les résultats d'une de ces expé- « riences sont consignés ci-après :

« Charge sur le seuil du déversoir. $0^m,174$;

« Chute.................... $2^m,30$;

« Longueur du bras du levier..... 3^m;

« Force à appliquer à l'extrémité
« du levier pour l'équilibre......... $23^k,50$;

« Poids placé à l'extrémité du levier. $96^k,50$;

« Nombre de tours par minute, de
« l'arbre sur lequel agissait le frein.. 10^t.

« Le travail transmis, par ce dernier arbre,
« était, par seconde

$$\frac{2\pi(23,50+96,50)3\times 10}{60}=376^{kgm},99.$$

« Nous avons évalué le travail perdu par les
« frottements des tourillons et des engrenages
« à.......................... $13^{kgm},18$

« Le travail sur l'arbre de la roue
« était donc.................... $390^{kgm},17$

« Le débit calculé par la formule :

« $$0,42\times 1,46\times 0,174\sqrt{2g\times 0,174},$$

« étant de 197 litres par seconde :
« et la force brute

« $$197\times 2,30=453^{kgm},10;$$

« le rendement de la roue est

$$\frac{390,17}{453,10}=0,861.$$

Deuxième expérience.

« Un des membres de la commission a vérifié « le 23 juin, la quantité de blé moulu au moyen « de deux paires de meules mises en mouvement « par la roue.

« On a moulu, en une heure six minutes, avec « une force de huit chevaux, 230 litres de blé et « seigle, soit environ un hectolitre par paire de « meules et par heure, la farine étant très-fine. »

Suivent les signatures :

BIETRIX, COFFIN,
LESGUILLIER, DAMET.
RUFFIER.

Vu par l'ingénieur en chef du Jura.

RAPPORT

D'expériences faites sur le même moteur par M. Armengaud (aîné), ancien professeur du Conservatoire des Arts et Métiers à Paris.

« M. Millot a monté dans un moulin apparte-
« nant à M. Létondal, une roue de son système,
« en remplacement d'une roue de côté, et desti-
« née à faire marcher simultanément quatre paires
« de meules et leurs accessoires que l'ancienne ne
« pouvait pas conduire.

« Sur la demande du constructeur, j'ai fait exé-
« cuter, sur cette nouvelle roue une série d'expé-
« riences, au frein, conjointement avec MM. les
« ingénieurs des départements de la Côte-d'Or et
« du Jura réunis, à cet effet, avec d'autres mem-
« bres, en commission officielle, et qui ont fait un
« rapport sur ces expériences.

« Comme ces messieurs, j'ai constaté que cette
« roue, dans ses conditions actuelles d'établisse-
« ment et de construction, fournit un rende-
« ment qui varie de 84 à 88 °/₀ de la force brute
« disponible de la chute, *chiffre tout à fait inusité*
« *et qui me conduit à déclarer que le système de*

« *moteur de M. Millot offre, sur ceux ordinaire-*
« *ment en usage, des avantages exceptionnels.* »

Jusqu'ici les meilleurs moteurs hydrauliques n'ont guère rendu plus de 65 °/₀ de la force donnée, et ils n'ont jamais atteint 70 °/₀. Pour prévenir le public contre de fausses données, ce fait est affiché à la salle des moteurs hydrauliques au Conservatoire des Arts et Métiers, à Paris.

En général, un moteur qui rend 50 °/₀, est un bon moteur, et plus de la moitié n'atteint pas 30 °/₀. Or, celui de M. Millot rend de 86 à 88 °/₀. On voit donc combien grandes sont les améliorations qu'il peut rendre à l'industrie.

Lettre de M. Létondal, chez qui les expériences ont eu lieu.

Monsieur,

Ainsi que vous me le demandez, je me plais à constater le résultat suivant :

J'ai fait établir dans mon moulin une roue de votre système à admission intérieure, et je la fais marcher successivement avec une roue à augets prenant l'eau par dessus.

Or, pendant que la roue à augets ne fait marcher qu'une paire de meules, la vôtre, avec la même quantité d'eau, en fait marcher deux.

Je suis si content d'un pareil résultat, Monsieur, que je m'empresse de le livrer à la publicité, tant pour vous être agréable que pour rendre service à l'industrie.

Recevez, Monsieur, l'assurance de ma parfaite considération.

Signé : LÉTONDAL.

Lettre de M. Gauthier, mécanicien, qui a construit la roue de M. Létondal.

Monsieur,

J'avais dans mon moulin, situé à Cordiron (Doubs), canton d'Audeux, une roue à augets en dessus, qui, par les basses eaux, ne pouvait faire marcher une paire de meules que cinq heures par jour. Je lui ai substitué une roue de votre système dont le résultat est vraiment étonnant ; elle use si peu d'eau, qu'au lieu de cinq heures, elle fait marcher une paire de meules dix heures par jour, dans les basses eaux, et elle n'est jamais noyée par les grandes.

C'est par reconnaissance, Monsieur, et pour vous être agréable que je vous donne la présente attestation.

Signé : Gauthier.

Lettre de M. Canard, propriétaire et meunier à Coincy-l'Abbaye (Aisne).

Monsieur,

Les résultats que je viens d'obtenir par votre moteur sont si satisfaisants que je me fais un plaisir de les livrer à la publicité, puisque vous m'en avez manifesté le désir.

J'avais, dans mon moulin, situé à Coincy-l'Abbaye (Aisne), une roue à augets en dessus, appliquée sur une chute de 2^{m},70. Cette roue était fort bien faite : elle avait 2^{m},15 de large pour ne faire marcher qu'une paire de meules ; ses augets, pour ce travail, ne se remplissaient qu'au tiers de leur capacité ; sa vitesse était de neuf tours par minute, et elle portait l'eau aussi bas qu'on peut l'espérer de ce système. Le plus souvent, j'étais très-content de son rendement ; mais malheureusement son canal de fuite ayant trop peu de pente, dès que ses eaux surpassaient leur moyenne hauteur elle était noyée, et par les sécheresses elle chômait longtemps.

J'aurais été obligé de rester indéfiniment dans cette pénible situation sans le secours de votre machine : en effet, je ne pouvais pas adopter la roue Poncelet à cause de ma trop grande chute ; mon faible cours d'eau ne se serait pas prêté aux fuites de la roue de côté, et son débit est trop variable pour une turbine. Dès que j'ai eu connaissance de votre roue, je me suis empressé de l'adapter à mon usine, car j'ai compris de suite les avantages qu'elle offrait. Bien m'en a pris, car elle m'a tiré d'embarras.

En effet, dans les eaux moyennes, elle a au moins un tiers de force de plus que mon ancien moteur; par les basses eaux, elle chôme beaucoup moins, et par les grandes, au lieu d'être noyée, elle fait marcher deux paires de meules.

Je suis si heureux d'un pareil résultat, Monsieur, que je viens recommander à tous mes confrères votre système, qui est évidemment destiné à faire une révolution complète dans l'emploi des moteurs hydrauliques.

Recevez, Monsieur, mes civilités empressées.

Signé : CANARD.

Lettre de M. Aulet, propriétaire et meunier à Mantes (Seine-et-Oise).

Monsieur Millot,

En réponse à votre lettre du 10 courant, je me fais un devoir de vous adresser le certificat suivant :

J'avais une roue de côté à coursier circulaire établie dans mon moulin de Chanteraine, près de Mantes, sur une chute de 3 mètres. Elle avait plus d'eau qu'il ne lui en fallait pour faire marcher une paire de meules régulièrement, mais pas assez pour en faire marcher deux à la fois. Je l'ai convertie, comme j'ai pu, en une roue de votre système; mais forcé de rester dans le cadre de l'ancienne, je n'ai pu donner à la nouvelle toute la capacité qui lui était nécessaire, de sorte qu'elle perd son eau latéralement et à l'intérieur des augets. Malgré cette grande défectuosité elle a déjà un quart de force de plus que mon ancienne roue.

Satisfait d'un pareil résultat j'en fais construire en remplacement de cette dernière une autre qui, cette fois, aura toutes les dimensions désirables, ne perdra plus d'eau, la portera plus bas, et gagnera encore de la force, de sorte que ma nouvelle roue fera marcher régulièrement à la fois deux paires de meules, là où mon ancienne roue de côté n'en pouvait faire mouvoir qu'une.

C'est pourquoi, Monsieur, je me fais un plaisir de patronner votre moteur comme il le mérite.

Recevez, Monsieur, mes salutations empressées.

Signé AULET.

Lettre de M. Pitrou, mécanicien à Brasseuil, près Mantes (Seine-et-Oise).

Monsieur,

Ainsi que vous l'a dit M. Aulet, je lui ai construit une autre roue de votre système en remplacement de celle qui n'avait pas les dimensions voulues, et nous avons encore obtenu avec celle-ci un nouvel accroissement de force de un quart; de sorte que la roue actuelle de M. Aulet a au moins un bon tiers de force de plus que son ancienne roue de côté à coursier circulaire.

Je dois ajouter que votre système est d'une solidité à toutes épreuves et qu'elle est d'une construction des plus faciles.

M. Aulet m'a fait aussi observer que son mouvement est plus régulier que celui de tous les autres moteurs. Ceci tient à ce que ses augets étant loin d'être remplis entièrement, l'eau peut s'y emmagasiner au besoin, pour vaincre les résistances qui se présentent accidentellement.

Recevez, monsieur Millot, etc.

Signé Pitrou.

Monsieur Millot, ingénieur à Paris.

Je viens de faire construire une roue de votre système, et je suis enchanté de sa solidité et de son rendement ; c'est pourquoi je vous envoie la présente attestation.

Recevez, Monsieur, mes civilités.

Signé Gaidry,

Meunier au moulin de la Bataille, près Champlitte-lez-Gray.
(Haute-Saône.)

22 *septembre* 1867.

Monsieur Millot, ingénieur à Paris.

Je viens de construire une roue de votre système à M. Gaidry, au Moulin de la Bataille, canton de Champlitte (Haute-Saône), et j'en ai obtenu des résultats vraiment étonnants :

Tandis que l'ancienne roue qui était excellente, dans son genre, ne pouvait faire marcher une paire de meules que quatre à cinq heures par jour, la vôtre, malgré la grande sécheresse où nous sommes, la fait marcher continuellement, et avec un travail double.

La construction de cette roue est des plus facile, et sa solidité à toutes épreuves. Dans celle que je viens de construire, les augets-armatures sont seuls en fonte, et le reste en bois.

C'est pourquoi, Monsieur, je me fais un plaisir de patronner votre moteur.

Recevez, Monsieur, mes salutations empressées.

Signé GIBAUX,

Constructeur mécanicien à Champlitte (Haute-Saône).

22 *septembre* 1867.

Les avantages du nouveau moteur sont donc incontestables, puisque la science et la pratique sont d'accord pour le dire. D'ailleurs, **M. Millot** *garantit son rendement supérieur à celui de tous les anciens systèmes*.

Pour les commandes et les renseignements, **MM.** les mécaniciens et les propriétaires d'usines sont priés, surtout, de joindre à l'emploi qu'ils veulent faire du moteur, la *Chute* et la *Dépense*, à moins qu'ils ne préfèrent que ces données importantes soient relevées par un ingénieur spécial qui serait mis sur-le-champ à leur disposition et se rendrait immédiatement sur les lieux.

M. Millot se charge de l'étude et de l'établissement de son moteur dans les meilleures conditions d'économie et de fonctionnement ; mais chacun pourra néanmoins réserver ces soins à un mécanicien de son choix qui n'aurait qu'à suivre les données ~~et les plans~~ de l'auteur de la roue.

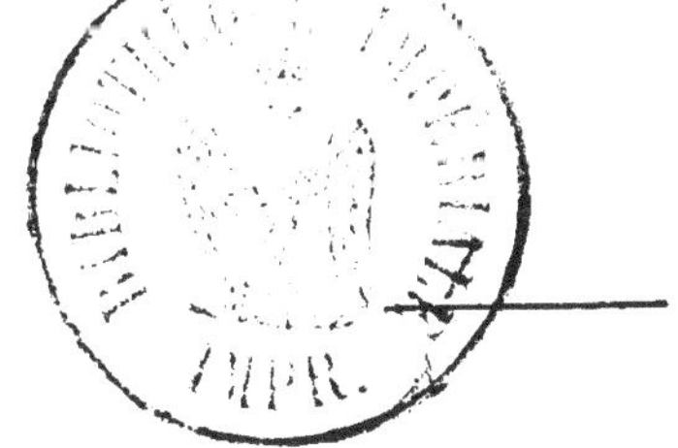

Paris, impr. Paul Dupont, rue de Grenelle-Saint-Honoré, 45 (3951.—10.7)

www.ingramcontent.com/pod-product-compliance
Ingram Content Group UK Ltd.
Pitfield, Milton Keynes, MK11 3LW, UK
UKHW021029180726
13838UKWH00004B/1699